This book belongs to

Este libro pertenece a

To Murli,

in celebration of this love so freely given and received.

Special thanks to my husband, for making my world complete. Also to Pam, Carrie, my parents and sisters, Ale, Gabi, Maro, Sole, Clau&Clau, Sandrine, Sergio and the 1001 *amigos* who enrich my life and made this book possible.

"Travel is fatal to prejudice, bigotry, and narrow-mindedness."

"Viajar es fatal para los prejuicios, el fanatismo y la intolerancia."

MARK TWAIN

Wanted

A Journey to Surrogacy | Un viaje hacia la subrogación

The world is so big and so wide that any journey you can take is... like a book full of surprises!
   There's so much to see!
   So much to explore!
   This is the story of the journey we took so that you could be born. The story of how we learned new things, without forgetting the old. And how to embrace differences.

El mundo es tan grande y tan variado que viajar es… ¡como un libro lleno de sorpresas!
   ¡Hay tanto para ver!
   ¡Tanto para explorar!
   En este libro te contamos el viaje que hicimos para que nacieras. Cómo aprendimos a ver cosas nuevas sin olvidar las viejas. Y cómo abrazamos las diferencias.

In journeys and in life, WHERE THERE'S A WILL, THERE'S A WAY.
Even if they say, "this is complicated," "VERY COMPLICATED."
"Impossible," "hard," "super-hard," "super-duper-awfully-incredibly-hard!"
You have to keep trying. Keep going. One step at a time. Slowly and surely.

En los viajes y en la vida, QUERER es PODER.
Aunque nos digan "esto es complicado", "COMPLICADíSIMO".
"Imposible", "difícil", "hiperdifícil", "¡superrequeterecontrahiperdificilísimo!".
Hay que seguir. Adelante. Pasito a pasito. Despacio y sin parar.

If you want something badly enough, you can do anything. Perseverance. Courage. And a lot of hope.
LET'S GO!
Once upon a time, not very long ago, we decided to go out and see the world.
And to help us feel close, very close to places that were very far away, we started to do some exploring.

Todo es posible cuando hay ganas. Perseverancia. Coraje. Y mucha esperanza.
¡VAMOS!
Un día, no hace mucho ni poco, decidimos salir a ver el mundo.
Y para sentirnos cerca, muy cerca de los lugares que quedaban lejísimos, nos pusimos a investigar.

We found out that there are villages that are very poor, towns that are very old, and cities that are very modern.

There are some jungles where families live in the treetops, like the Korowai tribe in New Guinea.

In some deserts, there are families living in houses made of adobe and cow dung, like in Punjab, India.

Some rivers have floating houses on them, like those on the River Kwai, in Thailand.

In some mountains, there are houses built into the rock, like in Cappadocia, Turkey.

And there are some places that are frozen year-round, where Eskimos give each other nose kisses and live in igloos made out of blocks of ice, like in Alaska.

Así descubrimos que hay aldeas muy pobres, pueblos antiguos y ciudades ultramodernas.

En algunas selvas hay familias que viven en las copas de los árboles, como la tribu korowai, en Nueva Guinea.

En algunos desiertos hay familias que viven en casas hechas con adobe y estiércol de vaca, como en Punjab, India.

En algunos ríos hay casas flotantes, como las del río Kwai, en Tailandia.

En algunas montañas hay casas dentro de las rocas, como en Capadocia, Turquía.

Y en algunos hielos eternos hay esquimales que se dan besos de nariz y viven en iglúes, hechos con bloques de hielo, como en Alaska.

And living in all those different houses in the world, there are different families.
En todas las casas del mundo viven familias diferentes.

Some have a mom and a dad.
Algunas tienen una mamá y un papá.

Others, just a mom,
or just a dad.
Otras, una mamá sola,
o un papá solo.

Others have a mom and a dad, but they live in different houses.
Otras tienen una mamá y un papá, pero viven en casas separadas.

Others, two moms…
Otras, dos mamás…

...or two dads.
... o dos papás.

There are children who don't live with their parents, but with their grandparents instead.
Hay niños que no viven con sus padres, sino con sus abuelos.

Some families have only one child.
Hay familias con un solo hijo.

Some have a lot of children.
Algunas con muchos.

And others don't have any.
Y otras sin ninguno.

Our house was a pretty house in a neighborhood. And the two of us lived there.

You weren't here yet, but we were doing everything we could to find you. You were already a part of us, because you were in our thoughts. You were wanted and loved!

We dreamed about you at night, we imagined your shape in the clouds, we even saw you in the flight of the butterflies, we heard your laugh from every child that we met.

La nuestra era una linda casa de barrio. Allí vivíamos los dos.

Todavía no existías, pero te buscábamos de mil maneras. Ya eras parte de nosotros, porque estabas en nuestros pensamientos. ¡Eras buscado y eras querido!

Te soñábamos por las noches, te imaginábamos en la silueta de las nubes, te veíamos hasta en el vuelo de las mariposas, te sentíamos reír en cada niño que se nos acercaba.

Nuestro hijito vendrá pronto y volaremos juntos

Our little child will come soon and we will fly together

In the journey we took to have you, we learned to appreciate differences and to be patient. We learned to keep our feet planted on the Earth and let our imagination fly to the Moon. And we found out that there are many ways to get there.

Sometimes there are obstacles along the way: so you have to take a shortcut or a detour. We racked up airline miles, took a thousand pictures, and wore out the soles of our shoes. All of this was like a springboard to launch us into the biggest adventure of our lives: bringing you into the world!

En el viaje que hicimos para tenerte aprendimos a ver las diferencias y a ser pacientes.
Aprendimos a tener los pies en la Tierra y la imaginación en la Luna.
Y descubrimos que hay muchas formas de llegar.
A veces surgen problemas en el camino: entonces se debe tomar un atajo o un desvío.
Acumulamos millas en aviones, sacamos mil fotos y gastamos las suelas de los zapatos.
Todo eso nos sirvió de trampolín para lanzarnos a la aventura más grande de nuestra vida:
¡traerte al mundo!

But time went by and you wouldn't come.

So we went to the doctor.

After a lot of tests, the doctor told us that we had a problem. While the doctor was explaining, I heard the same thing I had heard so many times before: "THERE'S NO WAY," "IT'S IMPOSSIBLE."

And the more I heard the doctors say, "super-duper-awfully-incredibly-hard!" the more I thought about the antidote: WHERE THERE'S A WILL, THERE'S A WAY.

Just like on our journeys, we remembered about the detours and shortcuts. We thought about all the times we got where we were going, even though we had to go off the beaten path.

Pero el tiempo pasaba y tú no llegabas.

Entonces fuimos a ver al doctor.

Después de muchos exámenes, nos dijo que teníamos un problema. Mientras el doctor explicaba yo volví a escuchar, como tantas otras veces: "NO PUEDE SER", "IMPOSIBLE". Y cuanto más oía a los doctores repetir "¡Superrequeterrecontrahiperdificilísimo!", más fuerte pensaba yo en el antídoto: QUERER ES PODER.

Al igual que en los viajes, recordamos los desvíos y los atajos. Pensamos en todas las veces que llegamos adonde queríamos, aunque hubiéramos tenido que desviarnos del camino tradicional.

...where there's a will, there's a way

querer es poder

We said "WHERE THERE'S A WILL, THERE'S A WAY" so many times, that in the end, we wanted to and so we did.

One day a specialist told us: "There are many ways to have a baby. The natural way, by adoption, or with the help of a doctor."

And that's when we found out the secret: true discovery is learning to see with new eyes.

"Don't worry, you're not the only ones." said the doctor. "There are a lot of people who need help from another woman's womb."

That is how we got the idea we needed in order to become your parents. But the doctor warned us: "It isn't an easy road; you need patience, courage and hope."

De tanto repetir "QUERER ES PODER", al final quisimos y pudimos.

Un día un especialista nos dijo: "Hay muchas maneras de tener un hijo. De forma natural, por medio de la adopción o con la ayuda de un doctor".

Y así se reveló el secreto: el verdadero descubrimiento está en ver con ojos nuevos. "No se preocupen, ustedes no son los únicos —dijo el doctor—. Hay muchas personas que necesitan del vientre de otra mujer que los ayude."

Así fue como nos dio la idea que nos faltaba para convertirnos en padres. Pero nos advirtió: "El camino es difícil, hacen falta paciencia, coraje y esperanza".

All around, you can find examples of how we can adapt to make life better. Some aborigines paint their faces for camouflage. Indonesians wear hats made of palm leaves to protect them from the sun and rain from the tropical skies. You can also find examples of love in nature: the "kigelia africana," or African Sausage Tree, adapted the shape of its fruit to make it easier for elephants to eat them.

En todas partes hay ejemplos de adaptaciones para vivir mejor.

Algunos aborígenes pintan sus caras como camuflaje. Los indonesios usan un sombrero de hojas de palmera, que los protege del sol y la lluvia bajo el cielo tropical.

En la naturaleza también encontramos ejemplos de amor: el "kigelia africana", el árbol salchicha de África, adaptó la forma de sus frutos para que los elefantes pudieran comerlos más fácil.

"**If you would like** to, we can help you with a group of specialists," said the doctor. "There are some very generous women who agree to lend their uterus. They are called surrogates. They receive the embryo and let it grow in their tummies for nine months. And when it is time, the baby is welcomed by his or her parents. Some surrogates are married and already have their own children. All of them know that the baby growing in their belly belongs to another family."

"A surrogate! How wonderful! There is a way! It IS possible! Yes, yes, yes, it will ALL come to BE! A little to the left and a little to the right, we started to find our way. Then one day we arrived at an office where they work to find surrogates who want to help other families. A little while later, we went back to the doctor's office, this time with our surrogate helper. We worked together and we all shared the desire to bring you into the world.

"**Si ustedes quieren** podemos ayudarlos junto a un grupo de especialistas —dijo el doctor—. Hay mujeres muy generosas que prestan su útero. Se llaman subrogantes. Ellas reciben al embrión y lo dejan crecer en su panza durante nueve meses. Y a la hora de nacer, el bebé es recibido por sus padres." Algunas subrogantes están casadas y ya tienen sus propios hijos. Todos saben que en esa barriga crece un bebé que es de otra familia.

"¡Una subrogante! ¡Qué alegría! ¡Existe una solución! ¡Es posible! ¡Sí, sí, sí, va a poder *seeeeeeeeeer*!" Un poco a la derecha y otro poco a la izquierda, fuimos abriendo el camino. Hasta que llegamos a una oficina donde trabajan para encontrar a las subrogantes que quieran ayudar a otras familias.

Al poco tiempo volvimos al consultorio del médico, esta vez con nuestra ayudante. Juntos trabajamos y compartimos las ganas de traerte a este mundo.

We created an embryo. And then the doctor put that embryo in our helper's tummy.

That embryo was you, before you started to grow. You were like a tiny little seed: as small as the dot made by the tip of a pencil.

And so you began to grow.

We were so happy that we went out for ice cream to celebrate.

Creamos un embrión.

Y después el doctor puso el embrión en la panza de nuestra subrogante.

El embrión eras tú, antes de crecer. Eras como una semillita chiquita, chiquita: tan chiquita como el puntito que dibuja la punta de un lápiz.

Y así comenzaste a crecer.

Tan contentos estábamos que fuimos a tomar un helado para festejar.

We had to wait and be very patient.

Time started to go by.

We shared news on the phone with the surrogate, we wrote to each other, we sent pictures back and forth, and every so often we got together to give each other a hug, and see how you were growing in her tummy. One day we celebrated that you now had a beating heart. After that your eyes grew, your ears, your hair, your fingernails, your lungs and everything else. You were growing, little by little, as the days, weeks and months went by.

Había que esperar y tener mucha paciencia.

El tiempo empezó a pasar.

Con la subrogante compartimos las novedades, nos hablamos por teléfono, nos escribimos, nos mandamos fotos y cada tanto nos encontrábamos para darnos un abrazo y ver cómo ibas creciendo en su panza. Un día celebramos que ya tenías tu corazón latiendo. Después se formaron tus ojos, tus dientes, tus orejas, tu pelo, tus uñas, tus pulmones y todo. Fuiste creciendo, poquito a poquito, mientras pasaban los días, las semanas y los meses.

After nine months had gone by, when you decided it was time to be born, we went to the hospital, and there we welcomed you with our own hands. Then our hearts opened up to the universe, and we gave each other loving kisses. That is how, at last, the three of us had each other. And that's how you were born. It took a long time, but we found you, our child: Welcome!

Al cabo de nueve meses, cuando decidiste que había llegado el momento de nacer, fuimos al hospital y ahí te recibimos con nuestras manos. Entonces el corazón se abrió al universo y nos dimos besos de amor.
Así, por fin, nos tuvimos los tres. Así naciste.
La búsqueda fue larga, pero te encontramos, hijo: ¡bienvenido!

Recipe for having a baby / Receta para tener bebés

TRADITIONAL / CLÁSICA
MOM'S EGG/ ÓVULO DE MAMÁ
DAD'S SPERM/ ESPERMA DE PAPÁ

ADOPTION / ADOPCIÓN

DONOR'S EGG/ ÓVULO DE DONANTE
DONOR'S SPERM/ESPERMA DE DONANTE

SURROGACY/ SUBROGACIÓN

MOM'S EGG/ ÓVULO DE MAMÁ
DONOR'S SPERM/ESPERMA DE DONANTE

DONOR'S EGG/ ÓVULO DE DONANTE
DAD'S SPERM/ESPERMA DE PAPÁ

Copyright © 2015 Carolina Robbiano.
For more information contact author by e-mail: wantedasj@gmail.com

All rights reserved. No part of this book may be used or reproduced by any means, graphic, electronic, or mechanical, including photocopying, recording, taping or by any information storage retrieval system without the written permission of the publisher except in the case of brief quotations embodied in critical articles and reviews.

Created and written by Carolina Robbiano
Illustrated and designed by Francesca Massai
Translated by L. Clark Gillette for The Language Corner

Archway Publishing books may be ordered through booksellers, Amazon or by contacting:

Archway Publishing
1663 Liberty Drive
Bloomington, IN 47403
www.archwaypublishing.com
1 (888) 242-5904

Because of the dynamic nature of the Internet, any web addresses or links contained in this book may have changed since publication and may no longer be valid. The views expressed in this work are solely those of the author and do not necessarily reflect the views of the publisher, and the publisher hereby disclaims any responsibility for them.

ISBN: 978-1-4808-1754-8 (sc)
ISBN: 978-1-4808-1755-5 (e)

Print information available on the last page.

Archway Publishing rev. date: 05/27/2015